Sanoja

vai

Sanomaa

H.T. Juslén

Sanoja
vai
Sanomaa

FSC
www.fsc.org
MIX
Paperi vastuul -
lisista lähteistä
Paper from
responsible sources
FSC® C105338

Kustantaja: BoD – Books on Demand, Helsinki, Suomi
Valmistaja: BoD – Books on Demand, Norderstedt, Saksa

ISBN: 978-952-80-3680-7

Sanoja vai Sanomaa

sanoja jakaa sanaa
joskus yhtä ja samaa
kanssa tai ilman sanomaa

siedettävät sanat
pyörryttävät valat
ajatusten salat

turhaa vai tärkeää
harhaa vai järkevää
sanoja vai sanomaa

Sanoppa se

Teille kaikille,
erityisesti perheelleni
Marraskuussa 2020
H. T. Juslén

SANOJA

Hyvä tuuli

Se tuntuu kasvoilla
raikkaana ja vilvoittavana.
Se lupaa iloa ja onnea,
nostaa hymyn kasvoilleni.

Puhallan sille varovasti vauhtia.
Näen sen saavuttavan muut.
Hymyni levenee.

Katoavaista

Kurjet auraa auki taivasta
kiitän vaivasta
kohta sataa, pilvet palaa

Laiva murskaa ahtojäätä
kylmää säätä
kesä alkaa, lumi sulaa

Tänään palkan nostan
uutta ostan
päivä vaihtuu, uutuus haihtuu

Jumista

sisälläni
siniset suonet
punoneet juonet
vertani pumppaa
lisää skumppaa

punaiset poskeni
viestivät innosta
kaukana rennosta
sielu kiitää
pelko viiltää

pari sanaa
kohtalon kysymys
suuri ymmärrys
valtaa mieleni
vapauttaa kieleni

Äiti ja poika

Jonotin koneeseen
Näin pojan kiipeävän ikkunakorokkeelle,
nojautuvan vasten terminaalin seinää
Edessä loistivat kiitotien kirkkaat valot

Kuulin keskustelun
poika: Äiti, onko tuo tie taivaaseen?
äiti: No tavallaan
poika: Mitä jos valot menee rikki?
äiti: Ne Korjataan
poika. Mitä jos ei ehdi?
äiti: Täytyy koittaa pysyä suunnassa
poika: Mitä jos eksyy?
äiti: pitää tähyillä valoa ja luottaa itseensä.

Astelin koneeseen

Kulkija

Kulkija jättää jälkensä lumeen

Ajan kuluessa
ääriviivat sumentuvat
ja jäljet kasvavat
tai pyyhkiytyvät lähes näkymättömiin
tuulen puhaltaessa, uuden lumen sataessa

Uus

Erilaisuus
ajatus uus

samaa vanhaa
ajaa takaa
sikin sokin
kaavan rikkoo

Erilaisuus
ajatus uus
Jäljen jättää
mikä mättää?

maailma on harmaa
se on varmaa
jos jokaista muutosta kaihtaa
ja unohtaa aina kaistaa vaihtaa

Jos kin

Jos nouset, tiputkin

Jos opit, unohdatkin

Jos tunnet, petytkin

Jos teet, erehdytkin

Jos uskot, pystytkin

Jos annat, saatkin

Jos elät, kuoletkin

Seuraava

Taas kerran maahan lyötynä,
voi ihmisestä tuntua

"Kirves kaivoon,
ottaa aivoon"

Terä tylstyy, kuluu, ruostuu
Pysähtynyt vesi pilaantuu

Parempi ehkä vain,
mennä tulta päin

Karaista vanha terä,
ottaa seuraava erä

Ohi

Se on ohi
nähty ja tehty

Olo on hetken
kepeä ja hilpeä

Sitten
tyhjä, kovin tyhjä

Pitää aloittaa
uutta, jotain uutta

Purjehtijan muistilista

Opettele purjehtimaan
myötä- ja vastatuuleen

Harjoittele uimista,
sukellustakin

Huolla venettäsi
sisältä ja ulkoa

Tee vain solmuja
jotka osaat avata

Muista päämäärä
vaikka matka onkin tärkeämpi

Häkki vai Koppi

Häkki on hankala,
huonohko vankila.

Sieltä näkee ulos.
Ajatuksen tulos,
voi silloin olla paeta,
kohti vapautta karata.

Parempi on koppi.
Kopin seinät voi helposti
värittää,
ympäristön kauniimmaksi
määrittää.

Kun ei ympärilleen näe,
ei kai myöskään ikäviä koe,
taikka vapauden kaipuuta hoe.

Tyytyväisenä pikku kopissaan,
mielikuvitus valtakunnassaan.

Ohje Paha

Pahaa ei satuttaa.
Pahaa pitää ymmärtää.

Kiusaa
Huijaa
Pöllii
Potkii

Muista päätä taputtaa,
terapiaan lähettää.

Pahaa ei satuttaa.
Pahaa pitää ymmärtää.

Pettää
Ryöstää
Raiskaa
Tappaa

Muista päätä taputtaa,
terapiaan lähettää.

Pahaa ei satuttaa.
Pahaa pitää ymmärtää.

Tiedon tuska

Tieto lisää tuskaa, sanovat
Uskon sen,
taidan jopa tietää

Tiedän tiedon myös lisäävän
paljon muuta,
hyvääkin

Anteeksi?

Älä koskaan pyydä anteeksi

Miksi
Saattaisit saada
Siksi

Tulisit tunnustaneeksi
tuntevasi, empatiasi

Perkele

Pirun vaikeata
antaa
anteeksi

Tuntuu oikealta
kostaa, repiä
kappaleiksi

Kylvää
tuskaa
ravinnoksi

Perkeleen,
joka kasvaa
suuremmaksi

Muuttaa
maailman
helvetiksi

Näin on

Näin on näreet
Kylmät väreet
tunnen selkäpiissä
Voiman kuulet niissä,
sanoissa, teoissa

Poterot on kaivettu,
vaihtoehdot haudattu

näin on,
näin on

Muu on turhaa,
pelkkää harhaa

Valitse puolesi,
unohda huolesi
Seuraa totuutta,
ainoaa aatetta

Vapauta raivosi, tai ehkäpä aivosi
löytävät toisen tien, takaa tuskan ja hien

Näin on,
Näin on

Keskuksessa

sanahelinä
ihmisvilinä

korvani
silmäni

ajatukset estää
ikuisesti kestää

äänekäs tyhjyys
vastuuton tyhmyys

Olla vain

Koitapa istua hiljaa,
ilman viihdettä, kirjaa
Olla vain, ajatella

Tuskin kuluu kovinkaan kauaa;
mieli, käsi kännyä tapaa,
aika mataa

Kaipaat
infoähkyy ihanaa
Se pakottaa, satuttaa

Kyynisyys

Myrkyn pistää
kieleen, mieleen

Kuolee valo,
koittaa pimeys,
synkkä syys

Maa on pallo

Masto horisonttiin häviää
Et voi tietää tulevaa

Jossain on aina synkkä yö
Pimeän pelko sinua syö

Kun lähdet suoraan kulkemaan
joudut joku päivä palaamaan

Muille välkkyy, loistaa tähdet toiset
Onko unelmatkaan samanlaiset

Hullu

Hullu kuin pullossa ollut.

Paha henki, huono renki.
Kolme toivetta, outoa houretta.

Ensimmäinen olkoon siis:
"Tahdon kaiken, vain kaiken."

Toista en tarvitse.
Saatuani sen ja tuon ja tämän.

Kolmannen käytän.
Tahdon pois, pois. Mitä syytä olla ois.

Painajainen

Unista he tulkitsee,
kaiken näkee, kuuntelee.

Painajainen pahanlainen,
kuvittelin kuolevani,
kaiken tämän jättäväni.
Ihmisrukat ilottomat
valvoi, huusi, vaikeroi.
Katsoin heitä hämilläni.

Jänöpupu loikki
hautausmaan poikki.
Häntä oli suuren suden,
silmät tähdet avaruuden.

Ristiturpa ulvoi viestiä.
Koittakaahan olla,
elää tai kuolla.
Tunnustin suuret syntini.
Löysin sisäisen minäni.
Salaattia puputin,
joka korvaan suputin.

Kello alkaa vilkuttaa,
minut tahtoo herättää.
Tulkitsepa tämä.

Karmit

Pakkomielle iskee mieleen,
juuttuu aivot ovenpieleen
Yrityksen surkee tulos:
ei pääse sisään, ei ulos

Vaikka kuinka kamppailee
ajatus turhassa viipyilee
Kynnykseltä eteenpäin
pakko ois mennä vain

Irti päästä, irti päästä
Minut säästä, minut säästä

Pitää kai vain hellittää,
Pakko hetkeksi unohtaa

Silloin saattaakin huomata,
jos ei karmia purista,
että on helpompi astua
kun voi paikallaankin pysyä

outotuo

Hiukan outo, kummallinen
Sellainen se on

Täytyy vain keksiä
miten hänet leimata

Nostaisiko jalustalle
kansakunnan kaapin päälle,
ehkä taakse lukkojen
joukkoon muiden hullujen

Marginaaliin pitää työntää,
koska vaikeaa on myöntää
ettei jotain tajua,
oikeasti ymmärrä

Herran tähden

Herran tähden
Minä lähden
Muita tappamaan, itse kuolemaan

Herran tähden
Hukkaa kohden
Turhaa työtä tekemään, kärsimään, kärsimään

Herran tähden
Vuoksi muiden
Onnea en koskaan tavoita, omaa menestystä saavuta

Syytän
sotaherraa kamalaa
esimiestä katalaa
tai itse jumalaa

En tahdo kysyä
Kuka kättä liikuttaa, jalkaa kuljettaa
Aivoille ajatuksen antaa, sydämelle näyttää suuntaa

Herran tähden

Onnetonta

Mahdotonta
on mielen lohduton, helppo valinta

Tahdotonta
on seurata oppia ilman omaa ajatusta

Mieletöntä
on välttää peili; syyttää, tuomita muita

Luonnotonta
on ohittaa onni, muutosta pelätä

Onnetonta
ettemme ymmärrä tätä

On niin vaikeaa

On niin vaikeaa
uskoa ja luottaa, joskus rakastaa

On niin vaikeaa
vääryydet unohtaa, oikeutta puolustaa

On niin vaikeaa
yksin päättää, laumaa vastustaa

On niin vaikeaa
hevosella ratsastaa, valaat pelastaa

On niin vaikeaa
lapset kasvattaa, ruokaa valmistaa

On niin vaikeaa
kaapit puhdistaa, saha teroittaa

On niin vaikeaa
elää elämää, aina valittaa

On niin vaikeaa

Kiviportaat

Kirkon portaat kiviset,
luokseen kutsuu ihmiset.

Tunteneet ajan ja askeleet,
kauniisti reunastaan kuluneet.
Kantaneet kohtaloa monta,
pientä ja suunnatonta.

Kuoleman tuomaa surua,
syntymän luomaa iloa,
syntien raskasta painoa,
tuhatta iloista vaimoa.

Vaikea on sanoa
luoko kirkko toivoa.
Helpompi portaita vain
on kävellä alaspäin.

Siispä hiljaa mietinkin,
taidanpa poiketa toistekin.

VAI

Jälkiä

Kävelin kaupunkia kohti.

Metsäpolulla näkyi paljon jälkiä.
Tunnistin jäniksen, oravan ja koiran.
Linnun jälkeä arvelin fasaaniksi.
Näin juoksijan jäljet ja kepin kanssa
kulkeneen jättämät painaumat.
Näin paljon pienten lasten jälkiä
epäsäännöllisine rytmeineen.

Kiipesin korkeaan torniin.

Näin vain isojen ihmisten jälkiä.
Taloja, teitä
Taloja, teitä
Tylsästi toistuen
Eläinten jälkiä en nähnyt,
niin luulin, kunnes huomasin
yksinäisen protestin.
Valkoisen läiskän kaiteella.

Se pelasti päiväni.

Kanojen kapina

Kanojen kapina
    Munaton maanantai
Kanojen kapina
    Grillauspäivä tiistai

Säälin

Muistetaan
Sibelius sinfonioistaan
Runeberg runoistaan
Matti hypyistään ja
Jokinen eväistään
mutta
Esteriä minä säälin

0g

Oravan raato tahraa asfaltin.
Ennen se käytti puhelinlankaa.

5g ei kanna,
eikä
maakaapeliin mahdu.

Kurvit

Kurvi sinne
Kurvi tänne
Kurvi tonne
ihanaa

Maalasin jotain.
Ole hyvä.
Mielikuvan loit.
kiitos.

Peliä

Kivi - Kansalainen
Paperi - Virkamies
Sakset - Poliitikko

Mopo viisaus

Keulivaa mopoa on vaikeaa kääntää,
vaikka kuinka tangosta vääntää.

Vähennä painoa

Hilseen varistessa olkapäille
pää tuntuu hiukan
kevyemmältä.

Olet

vanha kun olet unohtanut enemmän
kuin tulet enää oppimaan

vanhus kun hyväksyt tämän.

Kesyä

Kesyyntynyt ihmissusi
on kai
koiraihminen.

Kalliolla

Nukuin kalliolla
rantaan viettävällä.
Alla pilven haivenen,
kuulin huudon ahvenen:
"Vesivessa on paska keksintö!"

Naapurukset

Suomalainen,
ruotsalainen,
norjalainen ja
venäläinen

menivät kauppaan.
Ostivat ruokaa
ja söivät yhdessä
perheidensä kanssa.

Muovipussi

Lehtensä pudottaneen puun
oksalla roikkuu muovipussi.

Siitä erottuvat sanat:
Osta
Maksa

Voima

Voimaa uhkuen
suihkukone
jättää jälkeensä valkoisen vanan,
jonka tuuli
pyyhkii pois.

Luonnontieteitä

ilman fyysikkoa
ei tietokoneita valmistuisi

ilman insinööriä
sähkökitara ei soisi

ilman kemistiä
lääkkeet eivät tauteja tuhoaisi

Ilman matemaatikkoa
emme maailman suuruutta ymmärtäisi

ilman sinua
minua ei olisi
Minun mittareillani, olet tärkein

Aistit

Näet, kuulet, tunnet,
haistat ja maistatkin.

Sinulla on myös kuudes aisti;
aistit lämmön ja kylmyyden.
Taitaa olla seitsemäskin
jos kipukin koskee.

Ja tuskinpa se tähän loppuu.
Olet kovin aistillinen.

Taiteen teema

Taiteen teema
on yllätys,
hilpeä loistava
hämmästys,
hirveä hyytävä
kammotus

Ilman yllätystä,
edes pientä,
taide on tylsää,
katkeraa lientä

Tieteen työ

tieteen työ on tappaa mysteerit
selvittää totuus varjojen takaa
se on tutkijan motiivi vakaa

hämärä kuitenkin kiehtoo mieltä
kun tieto varjon valaisee
mieli uuden heti tekaisee

ei koskaan lopu tieteen työ
kohti yötä, varjoa tuntematonta
joka vastaus luo kysymystä monta

Teatteri

Teatteri on läsnä ajassa,
kotona, töissä, koulussa.
Miksei myös tuetussa
teatterilaitoksessa.

Outoa

Ilman suurempaa ennakko-odotusta
istun katsomaan tyttöjen esitystä

Unohdan huolen terveydestä,
sirojen varpaiden kipeydestä

Hämmennyn kaiken keveydestä,
vartalon, käsien notkeudesta

Iloitsen tunteen aitoudesta,
liikkeen, rytmien kauneudesta

Outoa, taidan pitää tästä

Putkista

Katselin työmaan monttua.
Iso putki tarvitaan viemärille,
pieni riittää puhtaalle vedelle.

Askeleista

Ensimmäinen askel on aina vaikein
Kokeilin juoksuportaita
Olen eri mieltä

Hölskyykö

Pään tuntuessa
tyhjältä
hiukan hermostun.
Pysähdyn ja
kuuntelemaan jään.
Kun en kuule loiskintaa,
rauhoitun.

Ole banaani

Sinulle tulevaisuuden
toivotuksen tahdon antaa banaalin.
Ikäänny, kehity lailla banaanin.
Pinnan alkaessa vanheta,
tuore ole yhä sisältä.

Viivyttelyä

Maailmassa on paljon surullisia asioita.
Yksi surullisimmista on
kaapista löytynyt luuranko.
Mikä sitä pidätteli?
Vai eikö se vain ymmärtänyt tulla ajoissa ulos?

Mennyt arki

Oli aika, jolloin ihmiset
tulivat toimeen ilman
kännyköitä ja vessapaperia.

Ihania sanoja

Meillä on sanat:
Ikävä, suru, masennus, tuska, kipu ja kärsimys.
Se on hyvä.
Silloinhan on muutakin.

Show time

Reality showta tehdään,
jotta voimme
paeta todellisuutta.

Tosi "syvällistä", vielä kahdella kielellä.
huhhuh
Aika palata suoratoiston pariin.

Teja

Oikeita optimisteja ei ole
heitä ei jaksaisi kukaan
Oikeita pessimistejä ei ole
he eivät jaksaisi olla
Oikeita realisteja ei ole
paitsi ehkä minä, jep, jep

Mato

Elokuisen iltana
Sateen jälkeen, tulee mieleen
mennä ulos pihamaalle
valoa näyttää nurmikolle

Nähdä kuinka
maailma on täynnä matoja
mikään ei täysin katoa
muotoaan muuttaa ruoho, maa
ajatukset, asenteet nää.

Kuusi

Juuri kaatunut kuusi patoaa joen.
Kiskoessani kanoottiani ryteikössä
mietin vesimyyräperheen tulvavahinkoja.

Muiden huonot uutiset ovat lohduttavia.
On joku surkeampi, jota sääliä, ehkä auttaakin.
Taidan ottaa sahan mukaan ensikerralla.

Kalenteri

Huomasin kalenterini näyttävän kahden vuoden
takaista päivämäärää. Historia, tulevat tapahtumat,
muistutukset – poissa.

Kävellessäni kohti postilaatikkoa ehdin miettimään
kumman lopulta toivoin olevan oikeassa;
minun vai kalenterini.

Kehitystä

Maailma on voittajien
Ylipaino nöyryytti nälän
Karies voitti keripukin
Ruutuaika kukisti ulkoleikit

Muisto

Näin kerran
palokärjen ja puukiipijän
samassa kuusessa,
samaan aikaan.

Se jäi mieleen.
Useimmat asiat unohdan.

SANOMAA

Taivaan

Sipulikirkko vasten sinistä
taivasta

Aivasta
vasta

kun olet nähnyt,
mitä ei
ihminen tehnyt

Aivan
Tai vaan

Symboolista

Kaiken maailman aatteet,
niitä symboloivat vaatteet

Varastitte ikivanhan
onnen symbolin,
värin rakkauden,
kaaren päältä maan,
eläinvaakunan,
nimen jumalan

Symboliikkaa käytän
ja teille siis näytän

Käden nyrkkiin puristan,
etusormee heristän
Sitten peukun lasken alas
Kolmas sormi nousee ylös

Merkityksen määritän
niin kuin itse haluan

Hämätäkki

Meil asuu hämähäkkisuku.
Näin on ehjä joka puku.
Päivällä niitä ei näy,
jollei huoneen nurkissa käy.

Illan tullen koloistaan
hiipii pojat, tytöt saalistamaan.
Pienet jalat vilistää,
koit, luteet, katoaa.

Kiitos teille hämähäkit,
meil on pehmeet, puhtaat täkit.

Mieti vettä

Veneen
leväpuuroo kyntäessä,
lähdevettä hörppäillessä,
lohikalaa narratessa,
tai
pisuaariin katsellessa.

Voit vaikka vettä mietiskellä.
Se ei koskaan häviä.
Kiertää vain
Kiertää ain

Hirvi

näen sen tulevan
toivon sen ehtivän

Pysähdy!
jarrujen vinkuna
tuulilasi palasina

Karvainen takamus
senttien päässä edessäni
Ainoa ajatus mielessäni:

Mitä se on tänään syönyt?

Nappien aika

Teollinen vallankumous, Globalisaatio.
Informaatioyhteiskunta

Hah, valetta ja höpinää,
aivan turhaa löpinää.
Tää on aika nappien,
kovien ja pehmeiden, kaikkivoipien.

Jos tahdot ystäväsi tavoittaa,
otan kännykän, alat naputtaa.
Tietokone, sama juttu, näppis lienee tuttu.
Napeilla voi nivelbussin pysäyttää,
hissin matkaan lähettää.

Jollei neljää numeroa oikein muista painaa
ei saa edes kaupasta ruokaa, luottokorttilainaa
Tää on aika nappien,
kovien ja pehmeiden, kaikkivoipien.

Modernissa kellarissa,
sodanjohtokeskuksessa,
painonappi punainen
tai ehkä se on valkoinen,
napin valtaa arvokkaasti juhlistaa.
Sillä voi vaikka maailman lopettaa.
Tää on aika nappien,
kovien ja pehmeiden, kaikkivoipien.

Tyypillistä

Stereoita turhaa on koskaan päivittää
Antaa tyyppien paikoilleen vain jämähtää!

Työmies palkkansa ansaitsee
vaikka lähinnä velttoilee
Muurari luo takan tiilisen
Katsoo läpi pullon kirkkaan, lasisen
Juristi uskoo oikeaan
jos hyvin maksetaan
Insinööri tosi tärkee,
puuttuu annos maalaisjärkee
Punaniska juntti,
nousee pelkkä puntti
Feministin nokka ylös kääntyy,
faktat unohtuu, maailma vääristyy
Blondin peräpää on kaunis, leveä
Yläpää taas vaalea ja keveä
Håkan hiukset hyvin harjaa,
arvosta ei nautakarjaa
Sergei kaalimaata asuttaa
Tähtäimeen on hyvä asettaa

Stereoita turhaa on koskaan päivittää
Antaa tyyppien paikoilleen vain jämähtää?

öllöllö

ööö
löl
löllö
löllinen
yksi löllinen
kaksi löllistä
sisä löllinen
sisällöllistä
löllöllöö

Naurulokki

Melko kaunis naurulokki
kaveriaan tökki,
saadaksensa silakan,
onnen hetken kalvakan

Näen jo pienen veritipan
katsoessain alta lipan,
paheksuen järjestystä
luonnon, järkytystä
tunnen

Siis kuule lokki niksi,
käyttäydypä ihmisiksi!

Somesiilit

Siili pieni hyllertää,
nurmikolla pyllertää
Maitotilkan astialta
haistaa
Tuoksuu ihanalta

lipsis, lapsis, lopsis
kliks, kliks, kliks ja klaks
Kuvaa monta söpöistä
saa Linda siilin janosta

Äiti nettiin lataa,
kommenttia sataa

Somesiilit hurskaat herää
Phyi, hyi, hyi kuinka typerää

Linda, pieni, olet arvoton,
täysin kelvoton

Isot sedät, tädit piikittää,
ei siiliä saa näin tyydyttää

Kiroo, huijaa, petä, varasta
Ymmärrä, on maito pahasta

Heterooli

Raskas on taakka heteron,
en näe läpi komeron
Tahdon oven maailmaani avata,
hetken muita kulkijoita vaivata

Ymmärrän lesboja.
Ilman estoja,
minäkin tunnustan,
naista haluan

Kiitän luojaa homoista.
Kovaan kilpaan naisista
osallistuu monta äijää vähemmän
Minullekin jättää paljon enemmän

Kaikki muutkin variaatiot,
synnynnäiset mutaatiot,
ynnä jutut opitut, lähes kaikki hyväksyn
Heteroksi olen hyvä ihminen, otaksun

Kirjoitan

Epäkohdat tämän maan,
saavat sapen kiehumaan.
Tartun miekkaan mahtavaan.
Kynän pistän viuhumaan.

Kissat vapaat pissailee,
nuoret sylkee, sähisee.
Poliitikot sillat väärin sijoittaa.
Naapuritkaan eivät osaa kierrättää.

Viestin pistän menemään.
Kohta alkaa tuulemaan.
Lehti paikkakunnan tiedottaa,
yleisölle erheet paljastaa.

Ihailen

Ihailen lehmää, joka vasikkaa juottaa
Ihailen koiraa, joka iloa tuottaa
Ihailen harakkaa, joka kiiltävää kerää
Ihailen kanaa, joka aamulla herää

Ihailen naista, joka
pystyy tähän
ja vielä nauraa vähän

Ihailen taivaalla liitävää haukkaa
Ihailen hevosen uljasta laukkaa
Ihailen delfiinin älyä roimaa
Ihailen norsun mahtavaa voimaa

Ihailen miestä, joka
vaikkei pystykään tähän,
jaksaa hymyillä vähän

Halonhakkuussa

Kirves nousee,
kirves laskee.
Voima on valtava.
Tunne on mahtava.

Hiki selässä helmeilee.
Naapurit hullua katselee.
Koivutukki halkee.
Riittää taas valkee.

Hintana muutama tikki,
selkäkin vähän rikki.
Talven voi tuvassa lämmitellä,
arkoja paikkoja parannella.

Itsenäinen esitys

Ennen ei ollut
siirtolaista jälkeläistä,
nykyajan tasavaltaa.

Ei kolmioo, neliöö,
laskimoo tai nuorisoo.
Ei edes romaania, yksikköä,
ongelmaa, ohjetta tai sivistystä.

Saati sitten pahetta tai hyvettä,
eikä tahallista ulostetta,
kuumetta tai
alemmuutta.

Jopa alkuperän
virallisen kotimaisen suudelman,
muodosti
Elias.

Lampi

Astun kohti lampea.
Vallastani nauttien,
sanat tarkkaan valiten.
Ryhdyn heti kertomaan:
Heinäsorsat päälle maan
luotu on vain nauttimaan.

Kuulkaa kaikki:
Heimoveljet etelään,
suotta lähtee kärsimään.
Tääl on hyvä!
Voitte lentotaidon unohtaa,
antaa pyrstöjouhten jämähtää.

Kuuluu Kvaak.
Levottomuus valtaa ryhmän.
Ymmärränhän minä yskän.
Tartun reppuun.
Ilmaan heitän leivänkäntyn homeisen.
Tilanteen näin taitavasti laukaisen.

Lampi on taas onnela.
Kupu täynnä murkinaa,
vapauden voi unohtaa.
Käännyn pois hymyillen.
Messiastaan sinisorsat kiittää.
Syksyllä lintupaistia taas riittää.

Kimalainen

humalainen
kimalainen
kanamaisen
täydellisen
mehiläisen
tapas

onnellisen
oudonlaisen
hunajaisen
ihmeellisen
huomisen
takas

unelmille
jumalille
suudelmille
olet mulle
minä sulle
rakas

Se Tä Ti

Setämies, kaiken ties
Yksi juttu puuttui
elämästä uupui
Tätinaista ihanaa
hoikkaa taikka lihavaa
kaipas vierellensä kulkemaan,
maailmaa paremmaksi muuttamaan

Onneksensa löysi täti-ihmisen,
joka myöskin tunsi saman kaipauksen
Se täti näki läpi kovan kerroksen,
herätti pitkän unen, talvihorroksen
Saman teki setä tädille
Malja elolle yhteiselle

Etsin sinua

Etsin sinua
kumppanilles uskollinen,
jalo, tunnollinen,
mallin mitat täyttävä,
todellakin näyttävä,
varsin varakas,
aika älykäs,
intiimistä innostunut,
taiteellinen tekijä,
raitis urheilija.

Terveisin,
Yllättävä ihmissuhde,
tosikova iltapuhde.

Pallopelissä

Pallopelit ovat kovin julmia,
vaikkei palloissa ole edes kulmia.
Perässä juoksuun kuluu vaan enemmän vaivaa.
Pallojen vauhti vuosien varrella kasvaa.
Mieleen hiipii kauhea epäilys:
Jos ei syynä olekaan pallojen kehitys.

Palloista

Keilapallo vain pyörii, pyörii
ja kaataa keiloja.
joilla on kapea vyötärö ja leveä perä.
Pää menee pyörälle.

Jalkapalloa potkitaan
kurassa, sateessa, joskus auringonpaisteessa
lujaa, todella lujaa.
Kovin kuluttavaa elämää.

Koripalloa paiskotaan ylös, alas, ylös, alas.
Koriin se pääsee usein,
muttei koskaan jää.
Tuntuu kipeältä.

Golfpallo saa metallikepistä.
Reikää se ei saavuta
juuri koskaan kerralla.
Onnettoman oloista eloa.

Onneksi en ole pallo.

Murkkumarssi

Tuskin yksikään
pystyy mihin ei riitä kaksikaan

Tarvitaan monta
tuttua, tuntematonta
Muuttamaan suuntaa,
kääntämään maailmaa

Siksi meitä on monia,
pieniä lukemattomia
Sama tahto,
meidän kehto

Aika lyhyt ja ääretön
puolellamme on
Lajit katoavat,
kekomme kohoavat

Yhdessä, ei erikseen,
pyrimme tulokseen

Numerallallaa

Numerot ovat yksinkertaisen vaikea, hieno asia
yykaakooneeviikuusee, muista myös ysiä, nollaa ja
kasia

Kaiken voi pistää järjestykseen,
asettaa tiukasti paikalleen
Vain kymmenen kaunista koukeroa,
kaikkialle ulottuvaa lonkeroa,
kertoo määrän, etäisyyden, massan
varallisuuden, koon ja päivän kassan
Osa niistä päättyy -si
yksi, kaksi, viisi, kuusi
Osa sanoo n:
Seitsemän, kahdeksan, yhdeksän
Kolmella, neljällä ja nollalla
on seuraa vain pienellä jekulla

Jos ne kaikki kertoo keskenään
mitään ei jää kenellekään
Kaikki kymmenen varataan ajalle,
kaksi riittää binäärijärjestelmällä
Pienen pilkun avuksi saadessaan,
avaavat maailman salat äärettömyydessään

Numerot ovat yksinkertaisen vaikea, hieno asia
yykaakooneeviikuusee, muista myös ysiä, nollaa ja
kasia

Välissä

On kivaa kuulua joukkoon

Vaikkei jatkuvaa nousua odota,
väliin ei kukaan halua pudota

Vaihtoehtoja ei pidä kaihtaa,
ryhmästä toiseen voi toki vaihtaa

On vain tuskaista juuttua,
väliin kerrosten, puutua

Näin ajattelee mielessänsä,
jokainen tuntee sisällänsä

Sähkökatkon hetkellä,
matkatessaan hissillä

Ilon tuo tuulaskoura

Löytäminen. Omistaminen. Oppiminen.
Voittaminen. Antaminen.
Kaikki tuovat iloa.

Löysin mökiltä raudan,
vanhan häkkyrän, joka on nyt minun.
Opin juuri sen olevan tuulaskoura.
Aika harvalla taitaa olla tuulaskoura.
Maksimoidakseni hekuman harkitsen
lahjoittavani sen museoon.

Sitten voin sanoa,
että ilon tuo tuulaskoura.
Ja kun onnettomat eivät tiedä
mikä on tuulaskoura,
sekin naurattaa.
Mutta en näytä sitä.
Tai ehkä kuitenkin näytän.
Jos vaikka kaksinkertaistuisi
ilo
jaettuna.

Shokki

Valkoinen aina vaan aloittaa.
Musta reagoida koettaa.
Kuningatar kaikkea kontrolloi.
Arvokkaampi jätkää, oivoi,
on hevonenkin, aika shokki.
Sellaista peliä on shakki.

Valmista

Hyvin suunniteltu on puoliksi tehty
Niin ne sanovat, saamattomat

Satakaan suunnitelmaa,
edes hyvää,
ei takaa mitään valmista
Hyvinkin suunniteltu
on vielä kokonaan tekemättä

Sisällys

SANOJA